ESPERÁNDOTE NACER
para verte partir

AWAITING YOUR BIRTH
only to grieve your parting

ESPERÁNDOTE NACER
para verte partir

AWAITING YOUR BIRTH
only to grieve your parting

Liliana Rodriguez

Número de Control de la Biblioteca del Congreso de EE. UU.:   2013914249
ISBN: Tapa Dura   978-1-4633-6363-5
                    Tapa Blanda   978-1-4633-6362-8
                    Libro Electrónico   978-1-4633-6361-1

Para realizar pedidos de este libro, contacte con:
Palibrio LLC
1663 Liberty Drive
Suite 200
Bloomington, IN 47403
Gratis desde EE. UU. al 877.407.5847
Gratis desde México al 01.800.288.2243
Gratis desde España al 900.866.949
Desde otro país al +1.812.671.9757
Fax: 01.812.355.1576
ventas@palibrio.com
489918

Índice

Versión en español

Table of contents

English version

Versión en español

Dicen que el dolor más grande que un ser humano puede soportar es la muerte de un hijo.

Introducción

Un poco de mí y de mi vida

Mi nombre es Liliana Rodríguez, soy chilena y hace dos años y medio que vivo en Estados Unidos, en Roy, Utah.

Antes de tomar la decisión de quedarme a vivir acá, viajé muchas veces a este país. La primera vez fue cuando tenía quince años y vine de vacaciones a ver a mi hermana Marina. Luego, a los dieciséis años, viajé por deportes, y dos años después pasé seis meses en casa de Marina. Los últimos viajes los hice con Carlitos, mi marido, y Carlitos Martín, mi hijo, durante unas vacaciones.

Soy la cuarta de cinco hermanos. René, de treinta y nueve años, está casado con Shaelyn que es norteamericana. Antonio tiene diecisiete años. Roxana, mi hermana mayor, tiene cuarenta años y aún vive en Chile, aunque esperamos que algún día se venga. Marina, de treinta y cinco años, está casada con Brandon, también norteamericano. Yo tengo treinta y tres años, estoy casada con Carlitos. Él es chileno y estamos acá porque quizo estudiar aquí. Hasta ahora tengo trece sobrinos, pero seguramente tendré más porque Antonio, la guagua de la casa, aún no se ha casado.

Toda mi familia, excepto Roxana, vive acá. Mis padres son residentes desde hace cinco años y pronto tendrán su ciudadanía.

Nací en Temuco, al sur de Santiago, la capital de Chile. Ahí viví hasta los dieciocho años. Luego nos trasladamos a vivir a Santiago, donde estudie Relaciones Públicas, carrera que prácticamente no he ejercido. Durante cuatro años, aproximadamente, trabajé como promotora (modelo) y luego fui productora de eventos en una agencia en Santiago. Ahí conocí a Carlitos... y luego de un tiempo nos casamos

Desde muy pequeña, a los cinco años, comencé a practicar bicicross. Continúe con este deporte hasta los 16 años, recorrí diecisiete países compitiendo por mi país y me fue bastante bien, ya que fui campeona sudamericana, continental y varias veces campeona de Chile.

En una oportunidad llegué a ser campeona mundial. Por estos logros fui famosa en mi ciudad y en Chile, y también en el ámbito del bicicross. Aún guardo recortes de diarios y de entrevistas en televisión, me es grato recordar esos tiempos.

Mis padres fueron exitosos empresarios en Temuco. Llevábamos un buen vivir, hasta que por circunstancias de la vida, los negocios empezaron a decaer. Frente a eso, ellos decidieron vender todo e instalarse en Estados Unidos. Aquí llevan una vida tranquila, junto a sus familiares.

Llegamos a este país con mi marido y mis dos hijos. Carlitos Martín recién había cumplido dos años (5 junio 2007) y

Agustina Florencia dos meses y medio (29 mayo 2009). Y ahora tengo, además, dos gringuitas (27 mayo 2011). Mi Emilia Luciana, que está en el cielo y es el ángel que me inspiró a escribir este libro, y mi Luciana Emilia, que es su melliza, y la que hace que cada día recuerde a su hermana y piense cómo habría sido la vida con mellizas.

Así comienza este libro en honor a mi ángel Emilia

Hace algún tiempo, cuando supe que estaba embarazada, comencé a escribir sobre lo que iba sintiendo en esa etapa. Luego, mi amiga Lorena Pinto, que vive en Bélgica, me motivó a que escribiera nuevamente sobre mis vivencias y sentimientos para desahogarme y expresar mi pena. Y ahora, que una de mis mellizas tiene siete meses, y que mañana se cumplen siete meses de la partida de mi Emilia... exactamente hoy, martes 27 de diciembre del 2011, he decidido escribir este libro. He pensado tanto en qué título ponerle, porque estas páginas las escribo con todo el corazón, para poder desahogar mi dolor. Aunque he aprendido a vivir con él, ya que siempre está ahí clavando. Sin embargo, los demás me ven bien, aunque el dolor es profundo... pero uno no anda llorando por la vida...

Cuando supe que estaba embarazada de mi tercer hijo o hija (hace ya casi un año y dos meses), me extrañé mucho, pues se suponía que me estaba cuidando, quizá no lo hacía de la mejor manera. Aunque ahora pienso que estos ángeles llegan cuando tienen que llegar.

Me hice cinco test de embarazo, ya que ninguno resultaba muy claro; fui al doctor y me hicieron el sexto test, el que tampoco resultó evidente, así que me dijeron que volviera en un par de semanas.

Volví luego de seis semanas, y finalmente me confirmaron que estaba embarazada, esto fue más o menos a principios de noviembre del año 2010.

Al pasar los días, empecé a sentir y pensar que no era un solo bebé sino dos. Comenzaron las bromas respecto a la posibilidad de tener mellizos. Sin embargo, nadie sabía lo que pasaba por mi mente, ni mi marido.

Carlitos siempre les decía a los chistositos, que dejaran de molestarme.

En mi primer chequeo médico, ese en que no te hacen nada porque es muy temprano todavía, tenía no más de ocho semanas, le dije al doctor: *Doctor, ¿podemos ver si son uno o dos, porque tengo la corazonada de que son dos?* Le conté que había soñado y que tenía ese presentimiento y además que todo el mundo me molestaba con bromas al respecto. El doctor me respondió: *Si quieres podemos ver para que salgas de la duda. Iré a ver si está desocupada la sala de ecografía.* Volvió a los pocos minutos y me dijo: *Está ocupada la sala, tendremos que esperar unos quince minutos.* Yo esperé.

Ese día me acompañaba mi hijo mayor, Carlitos Martín, que en ese entonces tenía tres años. Esos quince minutos pasaron muy lentos, me parecieron eternos, porque estaba muy ansiosa. Pronto llegó el doctor y le escuché decir: *Vamos.*

Llegamos a la sala, me tire en la camilla y empezó a revisarme. Yo no reconocía lo que aparecía en la pantalla, esas figuras eran tan extrañas para mí, ¡solo los doctores ven algo! Luego de unos segundos exclamó: ¡*Sí, son dos!*, y yo lloraba y reía, con una risa nerviosa, y me agarraba la cabeza.

Me dijo que había que esperar más tiempo para saber cómo estaban creciendo, porque a veces resulta que uno crece y el otro no, pero eso se sabría con el tiempo. Sentí un poco de temor.

Apenas salí de la consulta llamé a mi marido y le conté: *Amorcito, ¡son dos!* Respondió: *Me estás molestando.* Y yo le insistí: *No, de verdad, son dos.*

Carlitos se puso muy nervioso, me trataba de calmar. Creo que después de colgar el teléfono se puso de rodillas y lloró, de emoción, de miedo; estábamos felices, nunca esperamos algo así.

Comenzamos a dar la noticia, primero llamé a mi mamá, y ella lo comunicó a familiares y amigos en Chile.

Llamé a mi hermana pero no me contestó; más tarde, cuando hablé con ella, al escuchar esta feliz noticia, también saltaba y gritaba... Todos estábamos muy, pero muy felices.

Entre tanta felicidad, por mi cabeza aún rondaban las palabras del doctor: *Puede que uno crezca y el otro no.* No podía sacar esa idea de mi cabeza, que me mantuvo muy nerviosa hasta el siguiente control, ¡que fue luego de seis semanas!

Pasó el tiempo y se acercaba el día de la próxima ecografía. Como luego hice siempre, esa vez antes de la ecografía hice una oración pidiéndole a Dios que los dos huevitos siguieran creciendo, fue lo único que pedí.

Para mi segunda cita con el doctor fui con Carlitos y mis dos hijos, Carlitos Martín y Agustina, de tres y un año, respectivamente, en ese tiempo.

Ese día, la ecografía mostró que mis bebés se estaban desarrollando muy bien, pero uno tenía una semana más que el otro y como no era mucha diferencia, el médico decía que era normal.

Durante el embarazo me examinaron distintos doctores

El día programado para una de las ecografías más importantes, coincidió con el cumpleaños de mi mamá, el jueves 24 de febrero.

Ese control se realizaba en Midtown, en la consulta donde iba siempre; y la otra, el día 25, correspondía a la ecografía más importante, pues revelaría detalles de los dos, por ejemplo sexo, medidas, etc., ese examen se hacía en el hospital.

En la consulta del 24 de febrero me dijeron que todo estaba bien, que seguían creciendo normalmente, que había un 51 por ciento de probabilidades de que fueran niñas y nada en especial, nada de nada. (Hasta hoy me pregunto cómo dos máquinas pueden dar resultados tan distintos, y cómo los especialistas de Midtown no pudieron notar nada extraño ese día… aún no lo puedo entender).

Me dijeron que con la ecografía del día siguiente (la del día 25) se tendría más información.

Al día siguiente fui a la ecografía, que me cambió la vida y la de mi familia.

Sigo con mis anotaciones
(son experiencias vividas en ese tiempo y escritas por mí sin ningún cambio alguno)

Experiencias vividas y escritas en el momento

Día quinto, desde que supe que mi hijita tiene holoprosencefalia (más adelante contaré qué es esta enfermedad). Ese 25 de febrero, a las nueve de la mañana, me dijeron que esperaba dos niñas, a los veinte minutos se acercó el doctor y dijo que una de ellas presentaba problemas al cerebro, corazón y labio leporino Pensé que era una pesadilla, que no era verdad lo que estaba escuchando.

Empecé a llorar y lloré durante mucho rato... Creo que paré de llorar solo cuando me di cuenta de que Carlitos también lloraba desconsoladamente, me da mucha pena verlo sufrir. Luego apareció el doctor, nos explicó todo el problema en inglés, con un traductor al lado, pero yo entendí perfectamente lo que decía en inglés, no sé si era el idioma o mi corazón que me estaba traduciendo. Fue horrible, penoso, triste, pensar en todo lo que se viene, no por la enfermedad, ya que yo cuidaría a Emilia sana o enferma, sino que me angustiaba por saber si iba a vivir o morir, y sentía a Luciana ahí, al lado de ella, dándole apoyo todo el tiempo ella está sanita, ojalá siga así.

Ya no sé si leer más acerca de la enfermedad o simplemente dejarlo así, pero necesito saber, necesito saber a qué atenerme, qué va a pasa, esa es la angustia, quisiera que alguien me diga qué va a pasar, son cuatro meses más que hay que esperar y serán eternos. Cómo saber si nacerá con vida o si morirá al nacer, es demasiado fuerte y doloroso, y con los días trato de olvidarlo, pero hay minutos que es imposible no acordarse, ya que siento sus pataditas o manitos en mi vientre.

Tengo pena, ganas de llorar, pero no puedo hacerlo todo el día, me lo aguanto, y no sé si eso será bueno, quiero salir de esto, pero no puedo, la vida cambia en un segundo y a veces no aprovechamos los momentos que esta nos entrega, nos preocupamos por cosas tan superficiales que a veces no valen ni la pena.

Nunca pensé que algo así me podía pasar a mí, pero tuve muchas experiencias con niños enfermos, y siempre que los veo me causan una pena y ternura especial. Quizás me pregunté alguna vez qué me pasaría a mí si algo así me tocara, y la mente lo había borrado, pero ahora me doy cuenta de que sí lo pensé, sí me imagine en una situación así, pero quizás la rechacé y no quise seguir pensando en eso. Bueno, ahora es la hora de pensar en eso.

Ya han pasado dieciséis días desde la noticia y lo que me preocupa día a día es sentirlas a las dos, si bien a Luciana la siento mucho, a Emilia no tanto. El miércoles (hoy es sábado) 16 tengo hora al doctor, espero con ansias el día.

Mis pensamientos siguen siendo los mismos, pero mi pena está controlada, hablamos de que si vive, de que si muere, de un funeral, de un tratamiento; en fin, son tantos los temas que tratar, pero solo el tiempo dirá.

Como familia estábamos muy preocupados de todo, aún no nos sale la visa que estamos esperando, problemas económicos... muchas cosas se juntaron. Ahora, ha empezado a salir un poco el sol, hemos solicitado ayuda y ha llegado; también algunas cosas que estaban estancadas han seguido su curso, así que esperemos que sigamos así.

Tengo sueño, estoy cansada, pareciera que con todo esto se me olvida que, a pesar de todo, estoy embarazada de dos, pero la situación de Emilia ha pasado, por supuesto, a primer plano y se me olvida que yo también debo cuidarme y descansar, no lo hago casi nunca y a veces siento que no puedo más, que me acostaría a dormir por un buen rato, pero no se puede, tengo a mis hijos chicos que tengo que cuidarlos, los amo, y siento que ahora los tengo que cuidar aún más.

Estoy sola, Carlitos salió y tengo pena. Cuando estoy sola siento más pena, pero tengo que aprender a sobrellevarla, solo quiero que el tiempo pase para poder saber qué pasará con mis niñas; si bien Emilia está en peligro, Luciana está bien, y también tengo que acordarme de que ella también está ahí, porque a veces solo pienso en Emilia.

Hoy es 4 de mayo y me dieron fecha para máximo el 25 de junio, es decir, en un mes y medio más, como máximo, sabré qué pasará. Estoy tranquila, con pena, pero con paz... no sé, pienso que hago lo posible por asumir esta realidad de la manera mejor posible, pero estoy cansada, eso sí, se nota que tengo dos niñas porque con un hijo en la guatita uno sigue su vida normal, ahora no... es más difícil y me canso mucho más.

Muy pronto Carlitos Martín cumplirá cuatro años y Agustina, dos, quisiera celebrar sus cumpleaños haciéndoles sentir que estoy muy cerca de ambos.

Ya tengo como treinta y una semanas, no es mucho lo que queda, y siento a Emilia, que sigue luchando.

He comenzado a preparar todo para la llegada de las niñas, es difícil porque no sé si tener para una o para dos, pero he decidido tener listo todo para dos, así entonces, compraré dos trajes para vestirlas iguales, y queremos ir a conocer el hospital para saber dónde queda.

Quiero tener mi maleta lista y la de las niñas, y a mis hijitos quiero dejarlos con mi mamá, pero mientras se quedarán con Antonio y Brandito, hasta que mi mamá regrese luego del parto.

La ansiedad y la pena que guardo en mi corazón me hacen sentir que ya no soy la misma de antes, la alegría ha desaparecido de mi cara y a veces pierdo un poco la paciencia con mis hijos y los reto, y eso me da más pena, sé que hago bien porque tienen que aprender, pero ya no me gusta hacerlo, no tengo fuerzas para soportar verlos apenados por mis retos.

Vuelvo a recordar esos días

Cuando salí de ese hospital desecha, como si viviera una pesadilla (siempre que tengo que ir a ese hospital, tengo el mismo sentimiento y me acuerdo del día 25 de febrero) de la cual deseaba despertar y no podía, no podía despertar ni parar de llorar. Ese día andaba con Agustina, que tenía un año y medio, y con mi sobrina Tati, la hija menor de mi hermana Marina, y no sabía qué decirle.

Recuerdo que fuimos a buscar a Carlitos Martín a su preschool (jardín infantil) y seguir, seguir viviendo, seguir funcionando... ¿Cómo se sigue funcionando con una pena tan grande?, ¿qué puede darte fuerzas para seguir?

Obviamente mis hijos, mi marido, mi familia; parece fácil decirlo. De verdad creo que el único que te da la fuerza es Dios, no tengo otra explicación. Si bien la vida es muy dura, Él te enseña a salir adelante y a pararte, caminar, hacer cosas, levantarte, vestirte, respirar, son tan pequeñas las cosas que valoras en ese momento...

No es posible explicar cómo se continúa viviendo, simplemente una sigue caminando...

Cuando estábamos en la ecografía, todos esperaban ansiosos, queríamos saber si era una parejita, si eran dos niños o dos niñas. El doctor de la eco del día anterior me aseguró en un 51 por ciento de que eran niñas, y nos llenamos de alegría, y obviamente comenzamos a comunicar por celular la feliz noticia.

Esto fue antes de que entrara el doctor, la persona que te hace la ecografía no puede decir mucho, solo da respuesta simples.

La enfermera encargada de la ecografía estuvo como una hora revisando y revisando, pero nosotros no notamos nada raro, y no sé qué cara tendría ella, porque estaba viendo la enfermedad de la Emilia y, a la vez, nos veía tan contentos a los dos, incluso le dijimos que siempre habíamos querido un tercer hijo y que Carlitos nunca pensó en un cuarto hijo, pero que yo, en mi corazón, siempre pensé en cuatro y ahora tenía a los cuatro... bueno, siempre digo que tengo cuatro, tres conmigo y una en el cielo. Luego, cuando entró el doctor y nos dio la noticia que conté anteriormente, esa imagen nunca la he podido borrar, no puedo sacarla de mi cabeza

Me cuesta seguir escribiendo, es duro recordar eso, que fue como una agonía. En esa fecha tenía cinco meses de embarazo y tenía que esperar cuatro meses con la incertidumbre de saber si mi hija iba o no a vivir, y desde entonces estar pendiente de los movimientos, porque lo más probable era que Emilia muriera en mi guatita, pero no fue así, luchó codo a codo con su hermana, siempre pienso que ella quería dejarme a su hermanita y partir; a veces pienso que Luciana la extraña porque es mucho más regalona que mis otros dos hijos, como que necesita que uno la toque, ¿será por la compañía que tuvo de su hermana? Siempre me imagino a Luciana más grande y yo contándole que tuvo una hermanita, que estuvieron juntas siete meses y medio y que partió a las quince horas de haber nacido. ¿Sentirá ella esa ausencia? Quizás este libro lo escriba, finalmente, para ella, para las dos, para mis mellizas, para mis ángeles...

Tener mellizas es un privilegio que nos da Dios y la vida es una experiencia magnífica, a pesar de no haberlas tenido en vida a las dos juntas, pero aún así me siento privilegiada.

Continúo mi relato, volví a mi casa luego de pasar a buscar a Carlitos Martín al preschool, no llamamos a nadie, solamente Carlitos le envió un mensaje a Rodrigo para avisarle que no volvería, creo que Rodrigo le preguntó por qué y Carlitos algo le dijo, en realidad no recuerdo. (Rodrigo es un amigo de la familia muy querido, trabaja con mi hermano).

Al llegar, nos recibió mi papá, nos preguntó cómo me fue, y lo abrace y lloré y lloré, no podía hablar. Carlitos le dijo que una melliza venía con problemas, él no le contó a mi mamá porque también le dio mucha pena, así que pasó un buen rato antes de que mi mamá me llamara, cuando le conté lo sucedido ella cruzó hacia mi casa y trató de consolarme. Los médicos aún no nos habían dicho qué tipo de holoprosencefalia era (tampoco sabíamos en qué consistía).

Nosotros pensábamos: *claro, si nace con problemas la operamos del labio, es lo de menos; o buscamos la manera de que la niña pueda estar lo mejor posible, porque en ese entonces no pensábamos que iba a morir.*

En esos momentos, incluso pensé en la Teletón que se hace en Chile (una campaña para ayudar a niños con problemas de minusvalidez), o en tantas veces que vi niños enfermos, en la hermana de una tía, en una niñita con labio leporino que vi en un hogar cuando era chica. Pensaba en que si tuviera un hijo así, y experimentaba sentimientos extraños, a la vez que pensaba en cómo ayudar... no sé... ahora creo que quizás la vida me adelantaba lo que iba a pasar.

Mi mamá se encargó de avisarles a todos, yo solo mandé un email a mis amigas que decía: *Amigas y amigos, no tengo muchas fuerzas ni ánimo de escribir, pero sé que han estado pendientes de mis mellizas, porque son dos niñas... tengo pena, una de ella viene con serios daños cerebrales y al corazón, más labio leporino, sería un milagro de Dios que viviera, la otra está muy bien. Solo eso.*

Inmediatamente recibí un llamado de mi hermana Marina, también me mandaron mensajes mis amigos de acá, Rodrigo e Ingrid, pero no pude responderle a ninguno.

Ese día me fui al otro departamento, ya que como estaba esperando mellizas el departamento que teníamos nos quedaba chico. Carlitos se quedo conmigo y nos dedicamos a la mudanza, quizás fue bueno para pasar el dolor y pensar en otra cosa, aunque era difícil enfrentar esos momentos.

Pasaron los días, los meses y siempre era igual, días buenos, días malos, muchos mensajes de apoyo, de la familia, amigos chilenos residentes acá, amigos en Chile, familia en Chile, nuevos amigos gringos de la Iglesia, la gente de Zumba y Fundance. En fin todos muy pendientes de cómo estábamos. Mi mundo se vino abajo, aparecieron los problemas económicos, solicité ayuda, y hubo mucha gente en Chile que nos apoyó, asimismo, pedimos asistencia financiera, porque yo solo tuve Medicaid para el parto, pero no para las ecografias. Se juntaban hartas cosas, los estudios de Carlitos, etc., etc. Vendimos el auto, y muy de a poco pudimos ir saliendo adelante.

Ahora miro hacia atrás y no tengo palabras para agradecer a todas las personas que nos ayudaron; por ejemplo, mi hermana con otra señora organizaron un *zumbathon* y, de verdad, felizmente hay tanta gente que nos quiere mucho y que anónimamente nos prestaron ayuda.

Luego empiezas a conocer a otras personas que han pasado por esto

Cuando el obispo de la iglesia supo sobre nuestro problema, no contactó con una familia que había sufrido la misma experiencia.

Nos visitaron un día, y así nos enteramos de que su hijito había muerto antes de nacer, a las veinte semanas de gestación, y que ellos le sacaron fotos, lo tuvieron por varias horas en brazos y le hicieron un funeral.

Para mí era inimaginable tomarle fotos a un bebé muerto, ¿cómo? ¡No! qué es eso!, son culturas tan distintas! Y, además, tenerlo en brazos fallecido, se me paraban los pelos de solo pensarlo.

Raquel Sever nos contó que ella pertenecía a un grupo de mujeres que tienen ángeles en el cielo y que se apoyan entre ellas, vistiendo a los niños cuando fallecen, dando ciertos regalos para que puedan irse lindos en las urnas, apoyando a las madres, haciendo reuniones de apoyo, caminatas para recordar a sus hijos, etc. También tienen un grupo en Facebook, al que obviamente ahora pertenezco, y es muy bueno apoyarse entre personas que han vivido casi lo mismo o algo parecido, porque no existe otra persona que pueda comprender mejor el dolor que alguien que lo vivió.

Dicen que la muerte de un hijo
es el dolor más grande que un
ser humano puede soportar…

Mi amiga Raquel es una ferviente colaboradora, y ella junto con mi hermana y mi mamá vistieron a Emilia en la funeraria, yo no participé en ese ritual porque estuve en el hospital por varios días

Ella ha sido un gran apoyo para mí, y por ella ahora pertenezco a ese grupo, Utah Share Support.

Hasta ahora no he ido a ninguna reunión, quizás por temor a exponer mi pena o quizás aún no estoy preparada para compartirla. Pero es bueno saber que no eres la única en este mundo que ha sufrido una pérdida de este modo, y que existen muchísimas mujeres que han pasado por lo mismo; de hecho, en el cementerio, mi Emilia está en un lugar que al parecer hay puros angelitos, niños y niñas que estuvieron muy poco tiempo en esta tierra, o que solo pudieron vivir dentro de la guatita de su mamá, hay algunos que murieron el mismo día, otros algunos días o meses o incluso años.

Mi Emilia aún no tiene lápida en su tumba, porque aún no sabemos si nos quedamos o volvemos a Chile.

Cerca del nacimiento de las mellizas

A las treinta y un semanas, casi cumplidas, comencé a sentir fuertes contracciones, pero no pensé que ya fueran a nacer, llamé a mi hermana, que es experta en el tema, y a mi mamá, que rápidamente cruzó hasta mi casa. No pude ubicar a Carlitos.

Para ser atendida, tenía que ir desde Roy hasta el hospital de la universidad de Utah, eso era aproximadamente un viaje de cuarenta y cinco minutos, y como mi cuñado Brandon es policía, él podía llevarme más rápido.

Marina llamó al hospital y le dijeron que me fuera para allá... no tenía nada listo porque supuestamente ese fin de semana iba a preparar la maleta, e ir a conocer el hospital, como lo comente antes, pero no alcancé, así que partí con lo puesto, llegamos allá y por primera vez me atendió una mujer muy desagradable, porque siempre fueron todos muy amables conmigo.

Me revisaron y estaba en tres de dilatación, pero no hacían muchos comentarios, les costaba encontrar y sentir los corazones de las niñas, tardaron más de treinta minutos en ponerme los monitores, y cuando finalmente lo hicieron, mis dos hijitas estaban bien, que era lo que más anhelaba, a esas alturas lo único que pedía era poder ver a Emilia, abrazarla viva, aunque sea un segundo. Mi mayor miedo era que naciera muerta y no poder tenerla ni un instante conmigo.

Estuve una semana en el hospital tratando de retener a las mellizas, ya que era muy temprano para que nacieran, si es prematuro para un bebé de treinta y una semanas, para dos lo es más. Los médicos me decían que cada día que se mantuvieran en mi guatita era valioso para ellas. Después de una semana volví a casa, con reposo relativo, tratando de hacer el menor esfuerzo posible. Eso duró dos semanas, ya que después de dos semanas justas, cuando fui al hospital para otra ecografía empecé nuevamente con contracciones. El doctor me preguntó si las había sentido antes, en la casa, le respondí que recién comenzaban. Había ido con los niños y Carlitos, y durante dos horas estuvieron monitoreando las contracciones, y el doctor finalmente me dijo que era necesario internarme. Fue una sorpresa grande, porque de verdad antes de llegar ahí no sentía nada, incluso había planeado ese día ir al cumpleaños de Felipe, el hijo de mis amigos Rodrigo e Ingrid.

Además, el domingo celebraría el cumpleaños de Agustina. Pero tuve que cambiar mis planes e irme ese viernes 27 de mayo del 2011, a dar a luz a mis mellizas, aunque el doctor me dijo que tratarían de retenerlas nuevamente, aunque ahora era casi imposible, y que lo más probable era que nacieran, por tanto me fui a la casa a dejar a los niños.

Camino al hospital

Camino al hospital le pedí el teléfono a Carlitos para poder comunicarme con mis amigas en Chile, no recuerdo bien si yo les mandé un email o Carlitos les comunicó que ya íbamos camino al hospital. Tenía un nudo en el estómago, íbamos a enfrentar lo que ya sabíamos: ver a nuestra Emilia para dejarla partir. Eran tan fuertes los sentimientos... lloramos mucho camino al hospital. Por momentos, quería seguir embarazada para así nunca tener que decirle adiós, luego una ansiedad por que pronto acabara todo, para verla, dejarla partir, y que descanse, no sé si ella sufrió, los médicos dicen que no. Y eso quiero creer. Llegamos al hospital casi junto con Marina, Brandon y Brandito.

Estando allá, me pasaron inmediatamente a la pieza, me revisaron y me dieron algo para aliviar el dolor de las contracciones y ver si podían retener a las niñas, pero luego de más o menos una hora, ya tenía 5 de dilatación, me informaron que ya no era posible detenerlas, pero aún no decidían si nacían por parto normal o cesárea. Yo pedía que lo que hicieran fuera lo mejor para ellas. Y lo mejor era parto normal, pero nunca sus cabezas estuvieron tan abajo, una estaba de cabeza y la otra de pie, y no era un impedimento para que nacieran por parto normal, el problema fue que nunca bajaron lo suficiente, y no querían usar nada para agarrar sus cabezas, así que optaron por cesárea. Yo acepté, y no me imaginé que lo iba a pasar tan mal. Solicité también que me operaran para no tener más hijos. Siempre pensé en tener cuatro hijos, y ya los tenía, así que, tarea cumplida, y además, sabía que ya no sería capaz de soportar un embarazo nuevamente.

Luego de firmar todos los papeles correspondientes, pasé a pabellón. Partí llorando... no puedo explicar el dolor que sentía en mi corazón, creo que no existen las palabras para describir el miedo, la angustia y la pena.

Algo que no les comenté antes en este libro es cómo venían mi Emilia y mi Luciana

Con Luciana no había problemas, todo se desarrollaba perfectamente.

Y mi Emilia, aparte de lo que sabía desde antes, a ella la parte de la nariz nunca se le formó, y solo tenía un ojito... cuando me dijo eso la doctora, en la última ecografía, justo antes de que nacieran, creo que fue lo más duro que escuché.

Y pensaba por qué, por qué tenía que ser así, más doloroso de lo que ya era, no era suficiente con lo que ya me habían dicho, no era suficiente con los problemas que Emilia ya tenía...

Por esto, además, era que sentía tanto miedo, había visto guaguitas con un ojo y eran fotos impresionantes.

Pero, pensar en mi hija, no quería que ella fuera así, no quería que mi propia hija me causara un rechazo al verla, tenía un miedo tan grande de verle su carita, quería tenerla conmigo tanto, eran pensamientos tan cruzados...

La cesárea fue algo totalmente nuevo para mí, ya que mis dos hijitos mayores nacieron de un parto normal.

En este caso, no sientes nada, de nada, solo estas ahí esperando que nazca, así media dormida con la anestesia, pero consciente de lo que estaba pasando.

Mis hijitas nacieron en el Hospital de la Universidad de Utah, en Salt Lake City UT, que está al lado del Children Hospital, las tuve ahí, ya que cualquier posibilidad de vida que tuviera Emilia era el mejor lugar para atenderla.

Cuando nacieron, no pude ver a ninguna, las pasaron directo al Children Hospital y luego de un rato me trajeron de regreso a Emilia (eso significaba que no había ninguna posibilidad de que ella viviera) envuelta en unos paños. La tomé en mis brazos, y al verla comencé a llorar... hoy, cierro los ojos y aún puedo sentir su calor, su respirar. Carlitos, a mi lado, también lloraba desconsoladamente, nuestra hijita que tanto esperamos estaba en nuestros brazos viva, no sabíamos en qué minuto iba a morir, solo pensé en disfrutarla plenamente, sentir al máximo su calor, su respirar. Pero yo estaba tan mal con la cesárea que no tenía muchas fuerzas, al parecer había perdido mucha sangre. Mi hermana nos consolaba a mí y a Carlitos. Él lloraba de una manera que con solo recordarlo me da pena, nunca en mi vida lo había visto llorar así, creo que fueron dos veces, cuando nació y cuando murió, ¡qué paradójico!

Nos fuimos a la habitación de post-parto y ahí llegaron mis padres, Brandon y Brandito, todos acompañándonos hasta que mi Emilia decidiera partir. Qué angustia tan grande saber que va a nacer para verla partir... No sé cómo fui capaz de vivir esos momentos, ni cómo estoy ahora escribiendo esto.

Carlitos fue a ver a Luciana, ya que cuando la pasaron al hospital de niños, ella pasó a cuidados intensivos, por lo pequeña que era, pesaron cuatro libras cada una, Emilia un poco más por el líquido acumulado en su cabeza.

A Emilia la disfrutaron todos, después llegó mi hermano con la Mayte, su hija mayor, y fueron turnándose para tenerla en brazos, y quizás si yo hubiera estado mejor, no hubiera dejado que nadie más la tuviera, tenerla solo para mí.

Pasaron las horas y mi Emilia aún seguía con vida, y en mi pensamiento me preguntaba cuándo, cuándo iba a partir, para tenerla en mis brazos en ese momento, por eso cuando a ratos me quedaba dormida por las pastillas, despertaba asustada preguntando cómo estaba, y la tomaba en mis brazos La disfruté durmiendo, no me acuerdo cuánto rato, pero sí la disfrute harto, cuando ella escuchaba mi voz me miraba con su ojito, sabía quién era yo, reconocía mi voz. Era tan lindo sentir eso, de que a pesar de lo poco que estuvo conmigo, pudimos mirarnos a los ojos y ella saber que yo era su madre, que tanto la amaba, que tanto había esperado por ella.

Las mellizas nacieron a las seis de la tarde, aproximadamente, y los médicos me habían dicho que lo más probable era que muriera en mi guatita, y que si vivía sería por un rato, pero ya habían pasado hartas horas y ella seguía viva, con su corazón latiendo como cualquier corazón normal, ni las enfermeras podían explicar eso... no podíamos darle leche porque ella no podía tragar, entonces ahí estaba la pregunta: ¿qué pasa si siente hambre?, ¿por eso estaba inquieta? ¿O si la conectábamos y la hacíamos vivir por más tiempo? Son preguntas que uno se hace, aun sabiendo que no había posibilidades de que ella viviera, quizás conectándola a una máquina podríamos haberla hecho vivir un poco más, pero de todas maneras iba a morir, ya que su cerebro no funcionaba de la manera correcta y eso hacía que su corazón tampoco, aparte de otras cosas.

Esa noche, algunos durmieron en mi pieza, mi papá se fue a la casa, junto con Brandon y Brandito. René (mi hermano) durmió un rato con la Mayte (su hija mayor, de 11 años), pero como a las seis de la mañana se fueron, y quedamos solos yo, Carlitos, mi mamá y Marina. Yo no daba más, entre sueño, calmantes, pena, me sentía horrible, lo más mal que me he sentido en toda mi vida.

Y se nos fue

Y así pasaron las horas... hasta que cerca de las ocho de la mañana mi Emilia dejó de respirar para siempre. Carlitos estaba durmiendo con ella y entonces yo escuché un suspiro muy profundo, y me asusté, Carlitos se levantó rápido y me la puso en mi regazo, la abracé y falleció, quiero pensar que su último respiro lo dio en mis brazos, pero nunca lo sabré... Vino la enfermera a verla y dijo que se había ido, pero llamó a dos enfermeras más para comprobarlo, y definitivamente Emilia ya no respiraba... Mi Emilia había partido, ya no estaba conmigo, aunque podía sentir su calor, su mirada ya no tenía vida, no estaba ahí, era solo su cuerpo, me duele el corazón recordar estos momentos, mis lágrimas caen por mis mejillas y tengo un nudo en la garganta, quizás ahora me pregunto, por qué, por qué no pude tenerlas a las dos, por qué tuvo que ser todo tan duro. Cuando hoy recuerdo el día en que el doctor me anunció que Emilia nacería muy enferma y me veo ahora escribiendo este libro, pienso que lo hago para que nunca se me olviden los momentos que viví con ella, para que el día de mañana sus hermanitos, en especial su melliza Luciana, pueda ver lo fuerte que fue su hermana, que a pesar de todos sus problemas nos regaló quince horas de vida, por quince hermosas horas fui su madre en esta tierra, quince horas que pude sentir su calor para poder por siempre recordar el momento que la tuve en mis brazos por primera vez, quince horas duras, tristes, intensas, pero las quince horas que recordaré, segundo a segundo, por toda mi vida.

La enferma me dijo que podíamos tenerla hasta la mañana siguiente, eso quería decir casi un día completo más (muerta).

Antes de pasar por esto, no me imaginaba cómo la gente mantenía a sus hijitos muertos en sus brazos por tantas horas, había escuchado historias y pensaba que era casi de locos.

Hasta que me tocó a mí, recordando las historias que había escuchado, me di cuenta de lo mucho que se necesita ese apego, esas horas extras de poder disfrutarla a pesar de que estuviera muerta. Así que la dejé conmigo por variar horas más, durante esas horas extras le pusieron ropita, un vestido blanco que trajo una enfermera, le hicieron unos moldes de sus manos en el hospital, la pudo conocer Antonio (mi hermano chico) y Nathaniel (el segundo hijo de mi hermana Marina), sacaron más fotos, yo con ella durmiendo.

A pesar de saber que ya estaba muerta, como por instinto necesitaba abrigarla mucho; de a poco fue cambiando su color, poniéndose helada, no quería ver sus cambios, y cuando sentí que su cuerpo se estaba endureciendo, aproximadamente a las siete de la tarde, le pedí a la enfermera que se la llevara, le di un beso en su frente, que aún lo siento en mis labios, estaba heladita, y me despedí diciéndole TE AMO, HIJITA.

Fue como verla morir nuevamente. ¡Ay!, cómo me cuesta continuar

escribiendo, siento que revivo esos momentos y se me aprieta el corazón y trato de disimular porque Carlitos Martín está viendo una película al lado mío, las niñas duermen siesta.

Por todo lo que estaba pasando con mi Emilia, yo aún no conocía a Luciana, mi gordita que está tan grande ahora y que igual sufrimos teniéndola casi un mes en el hospital.

Después de dejar partir definitivamente a mi Emilia decidí ir a conocer a Luciana, era la primera vez que me levantaba de la cama y como estaba muy débil tuve que ir en silla de ruedas. Avanzamos un poco por los pasillos del hospital y no pude seguir, me vinieron mareos, vómitos, me sentía tan mal, que le dije a la enfermera que no quería ver a mi hija estando yo tan mal, que esperáramos un rato más.

Esa noche fue una noche larga, eterna, solo quería que me dieran algo para el dolor y poder dormir, no quería saber de nada, solo quería descansar, llorar, estar tranquila, ya había sido mucho.

Al otro día me fue a ver Pablito, mi primo, con Rebecca, su señora, y también René. Conversaba con René y ambos llorábamos. Él me decía que ahora Emilia estaba con mi abuelita Rosita, a la que yo tanto había querido y ella a mí, nos imaginábamos a mi abuelita recibiendo a mi Emilia, seguramente diciéndole "mi tesorito", como les decía a todos los niños. Ahora deben de estar juntas, mi abuelita con su tesorito, mi Emilia.

Luego de las visitas, fui a conocer a mi Luciana, a la sala donde la tenían en una incubadora. La vi tan pequeña, tan indefensa, tan rica, me la pasaron para tomarla, y ahí abracé a mi otra melliza, la que se quedó conmigo para mantenerme más ocupada, la que me hará recordar a su hermana por toda mi vida, la que, como dijo alguien, es un milagro de esta vida, porque a pesar de todos los problemas que padecía Emilia, Luciana nació sanita, aunque estuvo un buen tiempo en el hospital, debido a que nació muy prematura. Doy gracias a Dios porque me dejó a una de las dos, porque si no, mi vida no hubiera seguido siendo tan normal.

Preparando el funeral

Así pasaron los días y en vez de estar tres o cuatro días en el hospital, estuve ocho días. Lo único bueno de haber estado tantos días fue que podía estar cerca de mi Luciana, pero solo eso, pues ya extrañaba mucho a mis otros dos hijitos.

Empezamos a preparar el funeral, quedamos en hacerlo un lunes, nueve días después de la muerte de mi Emilia. La gente de mi iglesia se portó tan bien, ellos organizaron todo, lo único que yo tuve que hacer fue ir el viernes que salí del hospital a la funeraria y ver el tema de las oraciones, quién iba a hablar y fotos que quería poner. Ahora que escribo, me pregunto cómo tuve fuerzas y ánimo para hacer esos trámites, creo que Dios te va preparando el camino para poder vivir momentos tan dolorosos.

El día del funeral, pasé una mañana normal, hasta que llegué al lugar donde era el velorio. Entré por la puerta y vi su ataúd, blanco, rodeado de flores tan lindas y un osito encima de una silla, y me puse a llorar, llorar y llorar...

Me senté, y ahí estuve, saludando a la gente que llegaba, llorando, calmándome, cuando uno va a funerales de otra gente nunca te imaginas que un día vas a estar ahí tú, y que vas a enterrar a una hijita. Pero ahí estaba yo y Carlitos, y toda mi familia.

Recibimos muchas muestras de cariño, ayuda económica, cartas, tarjetas, flores, que no existen palabras para agradecer a tantos amigos y amigas.

Empezó la ceremonia y Brandon (mi cuñado) hizo la oración antes de partir al cementerio, luego se abrieron unas puertas, yo no entendía mucho, solo en qué consistía la ceremonia, ya que mi llanto era más fuerte, porque ya se acercaba el momento de dejarla, y de cerrar ese capítulo que había durado tanto, aunque no se cerrará nunca, pero el entierro es como una etapa de cierre.

Al abrirse las puertas, pasamos a un pasillo y de ahí a la carroza donde llevaríamos a mi Emilia, nos fuimos en la carroza Carlitos, Marina y yo, los niños no quisieron ir ahí, así que se fueron en otros autos.

Llegamos al cementerio y era como estar en una película, todos esperando por nosotros, yo no sabía que tanta gente nos iba a acompañar.

Nos bajamos, yo me senté, lloraba. Carlitos se devolvió a la carroza a buscar el ataúd, lo acompañó Brandon, y luego él tomó a su hijita y la puso en el césped para hacer la ceremonia.

Creo que ese es uno de los momentos más difíciles que he vivido, el ver a Carlitos cargar el ataúd de Emilia, un ataúd tan chiquito, blanco, con mi Emilia ahí dentro. Ahora, al recordar, me pregunto cómo viví eso, o mejor dicho cómo es que estoy aquí tan en paz, si pasé por algo tan duro en la vida. Cómo puede uno reponerse de algo así... Bueno, el dolor es algo tan personal, tan propio, quizás la gente piensa que uno no sigue pensando en ella, o que se va la pena, si bien hay días en que la pena no está, el solo acordarme de ella, o ver a mi Luciana e imaginarme a las dos, se me aprieta el corazón y la garganta, como ahora...

Mi papi fue el encargado de hacer la primera oración y después cantaron Mayte y Shaelyn, (mi sobrina y cuñada), habló el obispo, y todo fue traducido al español para mis padres, luego vino un número especial de Rebecca, la esposa de mi primo Pablo, que cantó la canción de la película Tarzán, *You'll be in my heart*, de Phil Collins, la cantó en español y en inglés. Esa canción llegó hasta lo más profundo de mi corazón, creo que siempre me hará recordar a mi Emilia.

Luego vino el sellamiento de la sepultura, que lo hizo mi hermano René, luego de eso llegó el momento de despedirse de ella. Me hinqué y le di un fuerte beso a su ataúd, quería quedarme mucho tiempo ahí. Me fui al auto y algunos amigos se me acercaron para saludarme, y creo que no me preocupé de dar las gracias a los que nos habían acompañado.

Nos devolvimos al lugar desde donde partimos en la carroza, pero ahora solos, sin la Emilia... y ya se imaginarán cómo fue ese viaje de regreso...

Comimos en la capilla, acá se usa que después de los funerales, la familia y los amigos más cercanos se reúnan a compartir la comida. Al principio no me pareció una buena idea, pero ahora pienso que tienen razón, pasar un momento con los más cercanos ayuda a aliviar la pena que se lleva en el corazón.

Salimos de ese almuerzo directo a ver a nuestra Luciana que estaba en el hospital en Salt Lake City, a casi una hora de donde estábamos.

La vida continúa

Es fuerte decir que la vida continúa, como que me hace sentir que he olvidado a mi hijita, pero no es así... nunca se olvida, siempre está ahí en nuestros corazones, la tenemos en una foto en nuestro living, la tenemos en nuestro pensamiento a cada instante. Hace un momento Carlitos me dijo, mirando a Luciana, que ella es igual a Emilia, y al parecer habrían sido idénticas, porque todos los que conocieron a mi Emilia, me dicen que son iguales.

Los días después de su muerte no fueron fáciles, pero tenía que continuar, levantándome y seguir con mis hijos, con mi vida, y yendo a ver a mi Luciana, que seguía en el hospital. Empecé a levantarme todos los días a las cinco de la mañana para tomar el tren y no gastar tanto en bencina, y verla a ella y no dejar de lado a los otros dos.

Así que estaba dos horas en el hospital y después volvía a casa como a las doce o una de la tarde. El tiempo que Luciana estuvo en el hospital quizás se me hizo más fácil asumir la muerte de Emilia, ya que como estaba demasiado ocupada no me quedaba mucho tiempo para pensar. Ellas nacieron un 27 de mayo y Luciana estuvo en el hospital hasta el sábado 18 de junio, fue una sorpresa para todos su llegada a la casa. Ese domingo era el Día del Padre, así que fue el mejor regalo que pudo haber recibido Carlitos.

Cuando llegó a casa fue como una fiesta, todos querían tomarla, todos querían verla y yo estaba un poco asustada de que le pasara algo, pero después me relajé, no era una madre primeriza, pero me sentía así, la preocupación era como cuando recién tienes tu primer hijo, muy preocupada por todo, yo creo que eso era por la experiencia reciente y porque era la primera vez que tenía una hija tanto tiempo en el hospital, y también la primera vez que no daba pecho a una guagua y que preparaba mamaderas para alguien tan pequeño, porque sí que Luciana era muy pequeña.

Han pasado los meses y puedo decir que aunque no ando llorando por los rincones, la pena en el corazón no se va, no es menor, quizás a veces cuando lloro, pienso que es mayor, porque estoy consciente de todo lo vivido y de lo que pasó, y me duele no tener a mi Emilia, me duele el alma haberla dejado, me duele el alma el solo recordar su calor al nacer.

Pero esta es una pena muy personal que llevo en el corazón.

No ha sido fácil, pero esta tristeza me hace seguir adelante, seguir tratando de ser mejor cada día, de poder educar a mis hijos de la mejor manera, de recordarles que ellos tienen una hermanita en el cielo que se llama Emilia, y que algún día podremos estar como familia todos juntos por la eternidad. Es una gran misión la que nos dejó: aprender a luchar y a vivir plenamente el día a día, como lo hizo ella.

Casi siempre me pongo en la situación de cómo sería la vida con mis mellizas, he vivido algunas experiencias con mellizos, el otro día fuimos a unos juegos y teníamos una entradas gratis y le dije a Carlitos que se las regaláramos a una señora con sus hijos. Al pasar el rato le digo a Carlitos: *¡Mira, esos niños son mellizos!* En mi iglesia igual hay un par de mellizos y me encanta verlos e imaginarme a mis dos hijas viviendo como ellos.

Han pasado siete meses y medio desde su partida, y pienso que de ahora en adelante miro las cosas desde otra perspectiva, siempre lo más importante ha sido mi familia, pero creo que hoy son más importantes aún, mi vida entera la dedico a ellos, y me encanta, a pesar de que a veces agota, por lo monótono que se hacen algunos días, pero me gusta, y me siento bien así, claramente mis prioridades son Carlitos y los niños, por ellos lo daría todo.

Que es la holoprosencefalia

Esta es la enfermedad que tenía Emilia. La holoprosencefalia constituye un amplio espectro de malformaciones del cráneo y de la cara debidas a una anormalidad compleja del desarrollo del cerebro, que se manifiesta en la ausencia del desarrollo del prosencéfalo, que es el lóbulo frontal del cerebro del embrión. Durante el desarrollo normal se forma el lóbulo frontal, y la cara comienza a desarrollarse en la quinta y sexta semana del embarazo. La holoprosencefalia es causada por la falta de división del lóbulo frontal del cerebro del embrión, para formar los hemisferios cerebrales bilaterales (las mitades izquierda y derecha del cerebro), causando defectos en el desarrollo de la cara y en la estructura y el funcionamiento del cerebro.

Se divide en tres tipos

La holoprosencefalia alobar es el tipo más grave, en la cual el cerebro no logra separarse y se asocia generalmente a anomalías faciales severas (fusión de los ojos, anomalías del tabique nasal).

La holoprosencefalia semilobar, en la cual los hemisferios del cerebro tienen una leve tendencia a separarse, constituye una forma intermedia de la enfermedad.

La holoprosencefalia lobar, en la cual existe una evidencia considerable de separación de los hemisferios del cerebro, es la forma menos grave. En algunos casos de holoprosencefalia lobar, el cerebro del paciente puede ser casi normal.

Mi Emilia tenía holoprosencefalia alobar.

Agradecimientos

Tengo que dar gracias a tantas personas, quizás haré grupos, porque si no ocuparía miles de hojas.

Primero quiero dar gracias a Dios, por todas las bendiciones que me ha dado tanto a mí como a mi familia, a pesar de los momentos duros que vivimos... si bien se llevó a mi Emilia, me dejo a mi Luciana, para poder sentir a las dos en ella.

A mi esposo Carlos Díaz y a mis hijos Carlos Martín, Agustina Florencia, Luciana Emilia y Emilia Luciana, mi ángel, por todo el amor que me dan, por el apoyo en estos momentos y por hacerme sentir que tengo una maravillosa familia.

A mis padres Héctor René Rodríguez y Ana Marchant, por estar ahí y dejar todo para acompañarme ese día y siempre, por su amor incondicional y su ayuda todos los días.

A mis hermanos: Roxana, aunque viva lejos, siempre sentí su amor y su preocupación por mi Emilia, y a pesar de la distancia, pudo conocerla en vivo por Skype. A Marina, que estuvo conmigo todo el rato, que vio nacer a Emilia, que la vistió en la morgue y se preocupó de que se viera linda para partir, que lloró tanto como lloré yo en el hospital, que sufrió como si fuera su propia hija.

A mi hermano Chino (René Rodríguez) por acompañarme junto con Mayte, porque viajó de lejos para conocer a su sobrina, para tomarla y disfrutarla. A mi hermanito Antonio, porque por primera vez se tuvo que hacer cargo todo un día y una noche entera de mis hijitos, gracias por entretenerlos junto con Shalee, llevarlos al cumpleaños, acostarlos y cuidarlos durante esa noche tan dura para mí.

A mi cuñado Brandon, por apoyar tanto a mi hermana como a mí en esta situación y darnos tanto amor, también por haber acompañado a Carlitos en la última bendición de mi Emilia.

A mis sobrinos Mayte y Brandito, por todo el tiempo que estuvieron ahí conmigo, por darle amor a mi Emilia en sus brazos.

A mi cuñada Shaelyn, por su hermosa canción junto a Mayte en la ceremonia.

A todos mis sobrinitos y sobrinitas, Nicole, Dominique, Denise, Mayte, René Tomás, Matías, Amaya, Martín, Sebastián, Brandito, Nathaniel, Tati, Capryse... por su amor y apoyo, y por acompañar a su tía en la despedida de su primita Emilia.

A Raquel Fuertes, por haber traducido este libro al inglés.

A mi primo Pablo Peñailillo, por estar siempre ahí con su esposa Rebecca López, por su maravillosa canción en el funeral de mi Emilia.

A Gigi, Felipe, Brooke, mi obispo Fullmer, y su señora Joan, Annalee y Scott por haber ido en esos momentos al hospital y estar unos minutos conmigo, gracias infinitas.

A Raquel Server, por su inmenso amor hacia mi Emilia y hacia mí, por todo el apoyo, por haber ayudado a vestir a mi Emilia, por su trabajo tan lindo en el grupo Utah Share Support, por estar dispuesta y atenta a los llamados para ir a apoyar a las madres de ángeles en esta tierra, una misión tan linda pero a la vez difícil, por tener que vestir a estos ángeles tan lindos, gracias a su ángel Preston, por habernos unido en esto de tener angelitos en el cielo, por haber ido en esos momentos al hospital y por estar conmigo, gracias infinitas.

A mi amiga Ashley Darcy, por haberse acercado a mí en esos momentos duros, por su preocupación y por su amor, y por el regalo más hermoso que me han dado, una estatua de una mamá abrazando a un bebé, para poder siempre recordar a mi Emilia.

A mis amigos Rodrigo e Ingrid, por todo el apoyo en todos los meses que estuve embarazada, sus miles de regalos, y lo más importante, por cuidar a mis hijos mientras estuve en el hospital.

A mis amigas gringas, peruanas, argentinas y chilenas acá en Utah.

A la gente de mi Iglesia del barrio Sand Ridge, por todo el amor, apoyo y preocupación, a las hermanas que ayudaron en la comida, a todos y cada uno de ustedes. En especial a la familia Aguayo por su inmenso amor y apoyo.

A la gente de Zumba y Fundance, por todo el amor y apoyo, por el *fundraiser* que hicieron para mi familia, el *baby shower*, gracias infinitas.

A mis amigos en Chile, en especial a Natalia Aguilera por ayudarme en los detalles de este libro y aconsejarme en los puntos finales, a Loreto Osorio por su maravilloso diseño del libro.

A todos mis amigos en Chile, amigos de la vida, del Colegio de la Salle, del Colegio Bautista, del bicicross, de la iglesia, a mi familia en Chile, a la familia de Carlitos en Chile y a todos mis amigos por todas partes del mundo, quisiera nombrarlos a todos, no quiero olvidar a ninguno.

A todos los que me llamaron por teléfono, mandaron un email, a los que me apoyaron económicamente, en fin... quizás me quedan más por ahí, pero a todos y cada uno de ustedes: ¡miles de gracias!

A Isabel Spoerer Varela, que ha corregido profesionalmente este libro en el idioma español, y aunque no nos conocemos, ha sido la mejor ayuda que me han dado para poder hacer realidad este pequeño sueño.

Dedicatoria

Este libro quiero dedicárselo con todo mi corazón a mi esposo Carlos Díaz, y decirle que a pesar de lo difícil que ha sido esto, seguiremos siendo una familia hermosa, que lo amo con todo mi corazón, que sin él mi vida no tendría sentido, y que sin nuestros cuatro hermosos hijos no sé qué sería de mi vida. Te amo, Chanchito maravilloso, con todo mi corazón y sé que nuestra Emilia está en algún lugar que nadie sabe, pero que sin duda está esperándonos con ansias para que algún día volvamos a estar con ella y con Carlitos Martín, Agustina y Luciana, todos juntos como la hermosa familia que somos…

Como dije una vez antes de casarnos: *EN EL CIELO ESTABA ESCRITO QUE TE AMARA, Y AHORA EN EL CIELO TENEMOS UNA ESTRELLA QUE BRILLA Y NOS HACE BRILLAR Y SALIR ADELANTE TODOS LOS DÍAS. TE AMO.*

A todas las Madres De Angeles…

Gracias por leer este libro que narra una experiencia real, y por eso las palabras han salido de lo más profundo de mi corazón. Puede ser quizás un desahogo para mí, para darme cuenta de cómo uno sigue con la vida después de una experiencia tan dolorosa.

Quizás la gente piensa que el dolor no existe, pero es una pena que se lleva en el corazón y que se aprende a vivir con ella. Nada me devolverá a mi hijita, pero el saber que algún día puedo volver a tenerla en mis brazos es algo que calma mi pena y me da la esperanza que necesito.

Muchas veces he leído los comentarios del Grupo Utah Share Support (grupo de madres que tienen uno o más ángeles en el Cielo) y me llegan a lo más profundo del corazón.

Cada madre manifiesta su pena de distintas formas, a cada una le pasan cosas distintas, o a veces parecidas… pero todas tenemos algo en común y es haber perdido un hijo o hija.

Estamos de acuerdo en que no hay nada que nos puedan decir para calmar la pena y el dolor que se siente. Y sabemos que la gente a veces hace lo mejor que puede, así que solo necesitamos que nos entiendan, que nos escuchen, o que solo nos acompañen, pues a veces es mejor no decir nada.

Sabemos que sienten pena por nosotras y sabemos que les duele mucho por lo que hemos pasado, pero también sabemos que si no pasan por algo así, nunca van a poder entender el dolor en el corazón, quizás es por eso que este grupo de madres es tan bueno, porque uno puede opinar o comentar y uno sabe que la que está en el otro lado del computador ha tenido el mismo dolor, el mismo sentimiento, y puede entender el cien por ciento de lo que uno quiere decir.

No tengo palabras para explicar lo agradecida que estoy de Dios y de la vida, que a pesar de que me quitó algo tan preciado como lo es una hija, me ha entregado tanto amor, que no hay palabras para agradecer eso.

Poemas que me han llegado al corazón

To my Mummy & Daddy,
I know Christmas is hard & you're thinking of what could have been.
The Christmas tree, bright lights & snow is what I could have seen.
Your wrapping up presents & writing cards to your loved ones.
It breaks your heart seeing all the little children have fun.
Don't worry Mummy & Daddy; I see all the beautiful lights,
As I look down from my shining star so bright.
You see heaven is so beautiful; we have a Christmas tree too
Twinkling lights & stockings hang on our clouds of pink & blue.
So please don't be sad, I'll be there on Christmas day
Right by your side to guide you on your way.
One place you can always find me, is to look deep within your heart,
Because even though we aren't together, we are never really apart.
Love always your little angel xxxx

EMILIA, TE AMO.

English version

"They say that the worst pain humanly possible to support is that of the death of a child".

Introduction

A little about myself and my life

My name is Liliana Rodriguez, I am Chilean and for the past two and a half years I have lived in the United States, in Roy, Utah.

Before I made the decision to stay and live here, I traveled a lot to this country. The first time was when I was 15 years old and I came on vacation to see my sister Marina. Then, at 16 years old, I traveled for sports, and two years later I spent six months in Marina's house. The last trips I made were with Carlitos, my husband, and Carlitos Martin, my son, during our vacation time.

I am the fourth of five children. Rene, of 39 years old, is married with Shaelyn who is American. Antonio is 17 years old. Roxana, my oldest sister, is 40 years old and still lives in Chile, even though we all hope that one day she will come. Marina, who is 35 years old, is married to Brandon, also an American. I am 33 years old. I am married to Carlitos; He is Chilean, and we are here because he wanted to study here. Until now I have 13 nephews, but for sure I will have more because Antonio, the baby of the house, has not yet to marry.

All of my family, except Roxana, lives here. My parents are residents, and have been since five years ago and soon will be citizens.

I was born in Temuco, to the south of Santiago, the capitol of Chile. There I lived until I was 18 years old. Then we transferred to live in Santiago, where I studied Public Relations; a career that I have hardly worked in. During four years, approximately, I worked as a promoter (model) and later I was an event producer in an agency in Santiago. That is where I met Carlitos... and then after a time we got married.

Since very little, when I was but 5 years old, I began practicing BMX. I continued with this sport until I was 16 years old, I traveled through 17 countries, competing for my country; I did quite well, I was also the South American and continental champion, as well as a few times champion of Chile.

Once I had the opportunity and became world champion. Because of those accomplishments I was famous in my city of Chile, and also in the world of BMX. I still keep newspaper clippings and of interviews I had on television, it is very wonderful to remember those times.

My parents were successful business people in Temuco. We had a good life, until certain circumstances in our lives made the business start to fail. Because of this, they decided to sell everything and move to the United States.

Here they have a very tranquil lifestyle alongside their family.

We arrived in this country with my husband and my two children. Carlitos Martin, had just turned 2 years old (of June 5th, 2007) and Agustina Florencia, of 2 and a half months (of May 29th, 2009). Now I have, on top of it all two little "gringas" (of May 27th, 2011). My little Emilia Luciana, who is in heaven and is the angel who inspired me to write this book, and my little Luciana Emilia, who is her twin, and who makes me, every day think about and remember her sister; how life would have been to have twins.

This is how I started my book in honor of Emilia, my little angel

A while back, when I found out that I was pregnant, I started to write what I was feeling during that stage. Later, my friend Lorena Pinto, from Belgian, motivated me to once again write about occurrences and feelings; so as to unburden and express my sorrow. And now, that one of my twins is 7 months old, and that tomorrow it will have been 7 months since Emilia's parting... exactly today, Tuesday the 27th of December, 2011, I have decided to write this book. I have thought so much about what title to give it, because these pages are written with all my heart, to let go of all my pain. Even though I have learned somewhat to live with it, the pain is still deeply engraved in me. Nevertheless, everyone else sees me alright, even thought the pain is profound... but one cannot just goes around crying in life...

When I found out that I was pregnant with my third son or daughter (now about 1 year and 2 months ago), I thought it strange, because I was taking precautions not to become so. Maybe I wasn't doing such a good job. Of course, now I think that these little angels come when they are supposed to.

I performed 5 pregnancy tests, because none of them were very clear; I went to the doctor and the sixth test was done on me, which did not result evident either, so they told me to come back in a couple of weeks.

I returned six weeks later, and finally they confirmed my pregnancy, this was about in the beginning of November of 2010.

As the days went by I started to feel and think that maybe it wasn't just one baby but two. The jokes started flying about the possibility of me having twins. Nevertheless no one knew what was going through my mind, nor that of my husbands.

Carlitos always would tell the funny ones to stop bothering me.

In my first medical checkup, in the one where they don't do anything to you because it is to early yet, I was only 8 weeks along. I told the doctor, "Can we see if there is more than one baby, because I just have the feeling that they are two?" I told him that I had dreamed of just that and that I had just had this feeling, and that everyone was teasing me with jokes about it. The doctor answered: "If you want we can see, so that you can erase all doubts". I will go and see if the ultrasound room is available. He came back a few minutes later and said "the room is occupied, and we will have to wait 15 minutes". I waited.

That day my oldest son Carlitos Martin, who was 3 years old at the time, accompanied me. Those 15 minutes went by very slowly; they seemed eternal, because I was so anxious. Soon the doctor returned and I heard him say, "Let's go".

We arrived in the indicated room and I got up on the table-bed and he began to investigate. I didn't recognize what was on the screen, the figures were so strange for me, and I think only the doctors understand what they see! After a few seconds he exclaimed: Yes, they are two! I cried and laughed, with a nervous laugh, and just grabbed my head.

He told me we would have to wait more time to know how they were growing, because sometimes it happens that one grows and the other doesn't. We would only know that in time. I felt a little scared.

When I had barely left the doctors consultation I called my husband and told him all:" Love, they are two!" He responded: "You're just kidding me". I insisted: No, it is true, there are two!"

Carlitos got very nervous, he tried to calm me. I think that after he got off the phone with me, he got on his knees and cried, from the emotion, the fear; we were happy, never did we expect something like this.

We started to spread the news, first I called my mother, and she communicated it to all family and friends in Chile.

I called my sister but she did not answer; later, when I spoke to her and she heard the good news, she jumped and shouted... Everyone was very, very happy.

In between so much happiness, in my head the words of the doctor were repeating: **it can be that one grows and the other doesn't**. I couldn't get the idea out of my mind; it kept me very nervous until the next appointment, which wasn't for another 6 weeks!

As time went by, the day of the next ultrasound came closer. And as I always did, I did the same, I prayed just before the test, asking God, that the two little eggs would still be growing; that was all I asked for.

For this second visit to the doctor, I went with Carlitos and my two children, Carlitos Martin and Agustina; three and one years old, respectively, in that time.

That day, the ultrasound showed that my babies were developing very well, but one was one week older than the other; and since there wasn't much difference, the doctor said it was normal.

During my pregnancy many different doctors attended me.

The day that one of the most important ultrasounds was set for, coincided with my mother's birthday, Thursday the 24th of February.

This appointment was to be in the Midtown clinic, where I always went; and the other on the 25th, was the other important one, which would reveal details on both of the babies. For example: the sex, measurements, ect. This exam would be done in the hospital.

In the appointment of the 24th of February they told me that all was well, that they were growing normally, that there was a 51 % chance that they were girls, nothing really more; nothing at all. (Until this day I ask myself how two different machines could give such distinct results, and how the specialists of Midtown couldn't notice anything strange that day... I still don't understand).

They told me that the ultrasound of the day before (on the 25th) would have more information.

I continue with my annotations
(they are experiences lived during
this time and written by me without
any change whatsoever)

Experiences lived and written in the moment

Day five, since I knew that my daughter had holoprosencephaly (later on I will explain about this disease). That 25th of February, at nine in the morning, they told me I was having two girls. Twenty minutes later the doctor came over and told us one of them had brain and heart problems, and a harelip; I thought it all a nightmare, I thought it wasn't true what I was hearing.

I started to cry and cry for a long time... I think that I stopped only when I saw that Carlitos was crying uncontrollably too; I was filled with sorrow to see him that way. Then the doctor showed up, he explained to us the whole problem in English, with a translator by his side. I understood perfectly everything in English, I don't know if it was the language or my heart that was translating. It was horrible, embarrassing, and sad, to think of all that was to come, not because of the disease, since I would take care of little Emilia sick or well, but my anguish was not knowing if she would be born alive or dead. I felt Luciana there, next to her, giving her support all the time; she is healthy, hopefully she will stay that way.

I don't know whether I should read more up on the disease or just leave it that way, but I need to know, I need to know what I am up against, what is going to happen. There are four more months to wait, and they will be eternal. How to know whether she will be born with life or be stillborn, it is too painful and strong, each day I try to forget, but there are moments that it is impossible to do so, since I feel there little feet and hands kicking in my womb.

I am so sad, I feel like crying, but I can't do so all day long, I hold it in, but I am not sure it is good, I want to be done with this, but I can't, life changes in a second and sometimes we don't take advantage of the moments that are given us, we worry over such superficial things that most times aren't worthwhile

I never thought anything like this could happen to me. I had many experiences with sick children, and always when I would see them or be around them I felt a special tenderness for them. Maybe at one time I did ask myself, what would happen if something like this would be mine to handle? Maybe I erased it from my mind, but the more I think about it, now I think that I really did and put it out of my mind, not wanting to think anymore about it. Oh well, now is the moment to think about it.

Sixteen days have now gone past since the news and what worries me day after day is to be able to feel both of them. I do feel Luciana, a lot, but not so much little

Emilia. On Wednesday (today is Saturday) the 16th I have an appointment with the doctor; I am anxious for that day.

My thoughts stay the same, but my sorrow is under control. We speak about if she lives, we speak about if she dies, of a funeral, of any treatment; anyway, there are so many subjects to deal with and only time will tell.

As a family we are all very concerned about everything, the visa we await has not come thru yet, economic problems... so many things at once. Now, the sun has come out a little, we have asked for help and it has arrived; also some things that were stuck have unraveled themselves, so we hope all will continue this way.

I am sleepy, I am tired, and it seems as if with all this I forget I am pregnant, after all I am pregnant with two. The situation with Emilia has been made such a priority that I forget I must take care of myself and rest, I hardly do so, and I feel if I can't do anymore, that I should lay down and rest for a while, but it can't be, I have my own little children to take care of. I love them, and I feel that now more than ever I must care for them.

I am alone, Carlitos has gone out and I am sad. When I am alone I feel more this way, but I must learn to overcome it, I just want the time to pass so that I can know what is going to happen to my girls; if it is that Emilia is in danger, Luciana seems alright, and I also have to remind myself that she is there too, because all I do is think about Emilia.

Today is the 4th of May and they told me my due date would be no later than the 25th of June, meaning, in a month and half more, as a maximum, I will know what will happen.

I am calm, sorrowful but at peace... I don't know, I think I am doing the best I can to assume this reality in the best way possible, but I am tired, for sure, you can tell I have two girls, because with one baby in your belly life seems normal, not now... it is more difficult and I get much more tired.

Very soon Carlitos Martin will turn 4 years old and Agustina, two, I would like to celebrate their birthdays making them feel that I am very close to both of them.

I am about 31 weeks along, not long to go now, I feel Emilia, who is still fighting to hold on.

I have started to prepare everything for the girl's arrival, it is difficult because I don't know whether to have things for one or two, but I have decided to have everything ready for two, so I will buy matching outfits so as to dress them the same, we also want to go and get to know the hospital, and where it is located.

I want to have my suitcase ready and the girl's as well, and I want to leave my children with my mother, but meanwhile I will leave them with Antonio and little Brandon, until my mother returns from the delivery of the twins.

The anxiety and the pain I keep in my heart make me feel that I am not the same person as before, the happiness has disappeared from my face, and sometimes I lose patience with my children and I get after them, and that makes me feel worse; I know I am doing the right thing because they must learn, but I don't like to do it anymore, I don't have any more strength to support seeing them feel badly when I get after them.

I remember those days again

When I left that hospital torn apart, as if I were living a nightmare (whenever I have to go to that hospital, I have the same feeling and I recall the 25th of February) from which I wanted to awake and I couldn't, I couldn't awaken or stop crying. That day I was with Agustina, who was a year and a half, and with my niece Tati, my sister Marina's youngest daughter, and I didn't know what to say to her.

I recall going to pick up Carlitos Martin at his preschool and just continue, continue living, continue functioning... how does one continue functioning with such a great sorrow? What can give you strength to continue?

Obviously thinking of my children, my husband, my family; it sounds easy to say. Truthfully I think that the only one who can give you that strength is God; I don't have any other explanation. If yes, life is hard, he will teach you to get ahead and to stand, to walk, do things, lift you up, clothe yourself, breathe; they are such small things that you value all of a sudden in that moment.

It is impossible to explain how one continues living; you simply just keep walking...

When we were in the ultrasound, we were all waiting anxiously; we wanted to know if it was a boy and girl, if they were two girls or two boys. The doctor who was handling the ultrasound the previous day had said it was a 51 % chance that they were girls, and that filled us with joy, and obviously we started communicating the happy news by cell phone.

This all was before the doctor entered; the person who performed the test cannot say much, only give simple answers.

The nurse in charge of the test took about an hour going over and over the ultrasound but we didn't notice anything strange, and I don't know how she could have had a straight face because she was seeing the illness Emilia had. At the same time she could see how happy we both were, we told her we had always wanted a third child, and that Carlitos never thought of a fourth, but that in my heart I always wanted 4 and now it was just that... well, I still say I have four, three with me and one in heaven. Then, when the doctor entered and he gave us the bad news that I mentioned before; an image I cannot erase and can't get it out of my head...

It pains me to keep writing, it is hard to remember; it was so agonizing. At that time I was five months along and I had to wait four more months with the uncertainty of knowing whether my daughter would live or die, and since then be aware and careful about her movement, because the most probable was that she would die in the womb, but it did not happen that way, she fought elbow to elbow with her sister. I have always thought that she just wanted to leave me her sister and then go. Sometimes I think that Luciana misses her because she is so much more fussy then my other children, as if she needed to be held and touched more, would it be because she always had the company of her sister and now feels alone? I always imagine telling Luciana when she gets older that she had a sister, that they were together for 7 months and a half, and that she left 15 hours after she was born. Will she feel her absence? Maybe this book I write, finally, for her, for both of them, for my twins, for my angels...

To have twins is a privilege that God gives and life is a magnificent experience, even though I couldn't have them both in life together, I still feel very privileged.

I continue my story... I returned to my house right after picking up Carlitos Martin from his preschool, we didn't call anyone, Carlitos only sent a message to Rodrigo to let him know that he wouldn't be returning to work, I think Rodrigo asked why, and he told him something, but I really don't remember.

When we arrived, my father received us, he asked us how it went, I just hugged him and cried and cried; I couldn't' talk. Carlitos told him that one of the twins was coming with problems, he didn't tell anything to my mother because he felt also really badly. So a time went by before my mother called me. When I told her what had happened she right away came over and tried to console me. The doctors had not of yet told us what type of holoprosencephaly it was (we didn't even know what that meant either).

We thought: *sure, if she is born with problems she will be operated on for her hair lip, that is the least of the problems; or we will look for the way that she will be in the best way possible, because in those moments we didn't think she would die.*

In those moments I thought of the TV thon that is so famous in my country of Chile, (a campaign that helps children with handicap problems) oh so many times I had seen sick children, in my aunt's sister, in a small girl with a cleft lip in a home when I was little and I thought to myself if I ever had a child like that... they were strange feelings at the time, I also thought of how to help... I don't know, now I think that maybe life was trying to prepare me for what was to come.

My mother took it upon herself to let everyone know, I only sent a e-mail to my friends that said: Friends, I don't have a lot of strength nor mind to write, but I know you have been concerned for my twins, because they are two girls... I am sad, one of them is coming with serious brain damage and heart problems, as well as with a hair lip, it would be a miracle of God if she lives, the other is just fine. That is all.

Immediately after I received a call from my sister Marina, I also got message from my friends from close by, Rodrigo and Ingrid, but I couldn't respond to any of them.

That day I moved to another apartment, since we were expecting twins, the apartment we had was too small. Carlitos did not go into the office, but dedicated the time to move us, maybe it was better to pass the pain that way and to think of something else, even though it was so very difficult to confront those moments.

Now I look back and I don't have words to thank all the people who helped us; for example, my sister with another woman organized a Zumbathon, and really happily I can say there are so many people who anonymously served us.

And then you come to know other people who have gone through the same

When the bishop from church found out about our problem, he got us in contact with a family in the ward who had gone through the same experience.

They visited us one day, and we found out that their little son had died before birth, at 20 weeks of gestation, and that they had taken photos, they had held him for a few hours in their arms, and that they had given him a funeral.

For me it was unimaginable that you would take pictures of a dead baby. How could that be?! No, what is such a thing like that?! What a different culture! And what's more, to hold him in your arms dead, my hairs stood on end just to think about it.

Raquel Sever told us that she belonged to a group of women who have little angels in heaven and whom support each other. They go visiting the little ones when they die, giving them little presents so that they can be clothed beautifully when they go in their coffins, supporting the mothers, having support group meetings, and having walks to remember their loved ones, ect. They also have a face book page, which obviously I now belong to, and it is very good to surround yourself with people that have gone through the same or something similar; because there is no one better to understand you than someone that has lived it.

My friend Raquel is a very fervent collaborator, and she along with my sister and my mother visited, Emilia, in the funeral home. I did not participate in this ritual because I was in the hospital for many days.

She has been a great support to me, and because of her I now belong to this group, Utah Share Support.

Up until now I have not gone to any of the meetings, maybe because of fear of exposing my sorrow, or because I am still not ready to share it. But, it is good to know that you are not the only one in this world who has suffered a loss of this kind, and that many women exist whom have gone through the same; in the cemetery my little Emilia, is among many little angels, little boys and girls whom were on earth for a very short period of time, or that only lived in the womb of their mother. There are some that died the same day they were born, others whom lived days, weeks or even years.

My Emilia does not as of yet have a tombstone at her gravesite, because we still do not know whether we will stay here or return to Chile.

Close to the time of the twins' birth

At almost 31 weeks along, I started to feel strong contractions, but I didn't think it was time for them to be born; I called my sister, who is an expert on the subject, and my mother, who quickly came over to my house. I couldn't locate Carlitos, in those days he was working late.

To be seen I had to go from Roy all the way to hospital of the University of Utah, that was approximately a trip of about 45 minutes, and since my brother-in-law Brandon, is a policeman, that meant he could then take me faster.

Marina called the hospital and they told her to have me go right away...I had nothing ready because of course that weekend I was barely going to get my suitcase together, go and get to know the hospital, just as I had commented beforehand, but I didn't get that far, so I left with what I had on. We arrived there and for the first time I was taken care of by a very unpleasant woman; all before had been very kind to me.

They checked me over and I was 3 centimeters dilated, not much was said, It took them a while to find the girls heartbeats, they took more than 30 minutes to put the monitors on me, and when they finally they did so, my two little girls were fine. That was what most I was hoping for, at this point the only thing I asked for was to see Emilia, to hug her alive, even if it was just for a second. My biggest fear was that she would be still born and not to be able to have her with me not even an instant.

I was a week in the hospital trying to retain the twins from being born; it was too early for them to come, if it is premature for a single baby at 31 weeks, then for two it is much more. The doctors said that every day that they could be in my womb was very valuable for them. After a week I returned home, with some bed rest recommended; trying to do the least possible. That lasted two weeks, since exactly two weeks after I went to the hospital for an ultrasound I started again with contractions.

The doctor asked me if I had felt them before at home, I told him they had just started. I had gone with Carlitos and the children, and during two hours they monitored the contractions and after a while the doctor told me that is was necessary to keep me. It was a big surprise, because before we got there I hadn't felt anything at all, and that day I had even planned on going to Felipe's birthday, Rodrigo and Ingrid's son.

What is more is that on Sunday we were going to celebrate Agustina's birthday. I had to change my plans and go that Friday the 27th of May of 2011, to give birth to my twins, even thought the doctor told me that they would try and retain the girls again, this time it was impossible, and that the most probable is that they were to be born; so I went and took the children home.

On the way to the hospital

On the way to the hospital I asked Carlitos for the telephone to be able to communicate with my friends in Chile, I don't quite recall correctly whether I sent them an e-mail or if Carlitos let them know we were on our way to the hospital. I had a knot in my stomach; we were going to face what we had only been told**; to see our Emilia only to see her parting.** The feelings were so strong...we cried a lot on the way to the hospital. In some moments I just wanted to continue being pregnant, so that I wouldn't ever have to say good bye. Then suddenly a feeling that I just wanted it all to be over, so as to see her, let her depart and to rest, I don't know if she suffered, the doctors say not; I really would like to believe that. We arrived at the hospital almost at the same time as Marina, Brandon and little Brandon.

Once there in the hospital they immediately took me into a room, I was checked over and they gave me something for the pain to curb the contractions, and to try and retain the girls from being born, but after approximately more or less an hour, I was already 5 centimeters dilated. They then informed me that it was impossible to retain the girls any longer, and that they hadn't decided whether to prepare me for a c-section or for me to try and have them naturally. I only asked for it to be the best way for the girls. Maybe the best was to have them naturally but their heads were never very far down in the womb, one of them was head first and the other was standing up; so a c-section was opted as the best solution. I accepted not knowing I would go through so much. I asked if they could operate on me at the same time to not have any more children. I had always thought of having 4 children, and I had them, so homework complete; plus I knew I would not be able to go through or support such an ordeal or pregnancy as this one again.

After signing all the indicated paperwork, I was taken into the operating room. I left crying... I couldn't explain the pain that I felt in my heart, I think that words don't exist that would describe the fear, the anguish, and the sorrow I felt.

Something that I haven't explained before in this book about in what state my Emilia and Luciana were coming in

Luciana had no problems what so ever, everything was developing perfectly with her, but Emilia's nose had not totally formed and she had only one eye...when the doctor told me this, during the last ultrasound, just before they were born, it was the most difficult to hear; I think.

I thought to myself "why did it have to be this way, more painful than before, wasn't it enough with what we already knew? Wasn't it enough with the problems Emilia already had?"

For this reason, I felt so scared, I had seen little ones with only one eye and they were very impressing photos.

But, to think of my daughter, I didn't want her to be like that, I didn't want my own daughter to cause such a reaction in me when I saw her for the first time. I was so scared to see her face, but I wanted her to be with me so badly; they were such opposite thoughts.

The c-section was something totally new for me, since my two oldest children had been born naturally.

In this case, you do not feel anything, nothing at all; you are only there waiting for them to be born, kind of sleepy with the anesthesia, but conscious of what is happening.

My little girls were born in the University of Utah hospital in Salt Lake City, Utah, which is right next to the Primary Children's hospital; I had them there since any possibility of Emilia living would be in that place.

When they were born, I couldn't see either of them, they were passed directly to the Primary Children's hospital and then later they brought Emilia back (which meant there was no possibility that she would live) wrapped in some cloth. I took her in my arms, and when I saw her I commenced crying...today I close my eyes and I can still feel her warmth; her breath. Carlitos was at my side also crying uncontrollably, our daughter that we had waited for, for so long was in our arms, which we didn't know in what moment she would die, I only thought of enjoying her to the fullest. Feel her to the maximum, her warmth; her breath. But I was so bad from the c-section, that I didn't have a lot of strength, apparently I had lost a lot of blood. My sister tried to console both myself and Carlitos, he cried in such a way that just to recall it makes me feel so sad, I had never seen him cry like this, I think only two times ever; when she was born and when she died, what a paradox!

We went to the post partum room and there my parents arrived, Brandon and little Brandon, everyone accompanied us until Emilia would decide to depart from us. What great

anguish to know she would be born only to see her depart...
I don't know how I was able to live through those moments,
nor how I am at this moment writing this.

Carlitos went to see Luciana, since when she was taken to
the children's hospital, she was taken to the intensive care
section; for being so small, they were only 4 pounds each,
Emilia a little more because of the liquid accumulated in her
head.

Emilia was enjoyed by all. My brother arrived later with
his oldest daughter Mayte, and they took turns holding
her in their arms, and maybe if I had been feeling better, I
might not have let anyone else have her; but have her all to
myself.

The hours went by and my little Emilia was still alive, in my
mind I thought "when", when would she depart, so as to
have her in my arms in that moment; so that is why when in
moments I would fall asleep because of the pills I had been
given, I would awaken scared and ask how she was; and I
would take her in my arms and hold her while she slept. I
don't remember how long, but I do know I enjoyed her very
much, when she would hear my voice she would look at
me with her one eye and know who I was, recognizing my
voice. It was so sweet to feel this, that even though she was
with me so little time, we were able to see eye to eye, and
she know that I was her mother; how much I loved her and
how much I had waited for her.

The twins were born at 6 in the evening, approximately,
and the doctors had told me that the most likely was that
she would die in the womb, and that if she lived at all it

would only be for a while; many hours had gone by and she was still alive. Her heart beating like any normal heart, not even the nurses could explain this... we couldn't give her milk because she couldn't swallow, so there was the question... what happens if she is hungry? Was that why she was unsettled? Or if we had her hooked up, would that have her live longer? They are questions that one asks themselves even when you know she can't live long, but maybe connecting her to a machine might help her live longer, but she still would die, because her brain wasn't functioning in the best way and her heart either, apart from other things as well.

That night some slept in my hospital room. My father went home with Brandon and little Brandon. Rene (my brother) slept a while with Mayte (his 11 year old daughter) but about 6 am they went home as well. Only Carlitos, my mother and Marina remained. I couldn't go on anymore, in between sleeping, tranquilizers, and sorrow; I felt horrible, the worst I have ever felt in all my life.

She left us

And that is how the hours went by...until close to 8 in the morning my Emilia stopped breathing forever. Carlitos was sleeping with her when I heard a very deep sigh, I was alarmed, Carlitos got up quickly and laid her on my chest, I embraced her and she passed away. I would like to think that her last breath was in my arms but I will never know... The nurse came to see her and said that she had gone but had to call two more nurses to testify to the fact, and yes Emilia definitely was breathing no more... My Emilia had departed, she was no longer with me, even though I could feel her warmth, her gaze no longer had life in it, she was not there, it was only her body. My heart hurts to remember those moments, tears fall over my cheeks and I have a knot in my throat, maybe now I ask myself **why?** Why could I not have the two of them? Why did it all have to be so hard? When today I recall the day the doctor announced that Emilia would be born sick, I see myself now writing this book, I think that I am doing it so that I will never forget the moments that I lived with her, so that tomorrow her brother and sisters, especially her twin Luciana, can see how strong her sister was, that despite her many problems she gifted us 15 hours of life. For 15 wonderful hours I was her mother on this earth, 15 hours that I was able to feel her warmth, so that forever I would remember the moment that I had her in my arms for the first time, 15 really hard hours, sad and intense but the 15 hours I will remember second to second for the rest of my life.

The nurse said we could have her until the following morning, that meant almost a full day more (dead).

Before I go on I couldn't imagine how people could want their children to remain with them in their arms already dead for so many hours, I had heard stories and thought that that was a thing for the crazy.

Until it was my turn, remembering the stories that I had heard, I understood how much one needs that bonding, those extra hours to enjoy them even though they are dead. So I decided to have her with me a few more hours, during these extra hours they dressed her, a white dress that the nurse brought, they took mold casts of her hands and feet in the hospital. Antonio (my younger brother) was able to meet her, and Nathaniel (my sister Marina's second son) took pictures of her, along with me sleeping.

Even though we knew she was dead I still felt the instinctive need to keep her warm; slowly she changed color, getting very cold, I didn't want to see these changes, and when I felt her body stiffening, approximately at 7 in the evening, I asked the nurse to take her away. I gave her a kiss on her forehead, which I still can feel on my lips, she was cold, and I told her good bye, saying **I LOVE YOU DARLING DAUGHTER.**

It was like watching her die all over again. Oh how it costs me to continue writing!

I feel like I am reliving the moment; my heart tightens and I try to conceal my feelings because Carlitos is at my side watching a movie, while the girls are having a nap.

With all that was happening with my Emilia, I hadn't yet gotten to know Luciana, my little one who must be so big by now after almost a month in the hospital.

After letting Emilia go for good I decided to go and meet Luciana, it was the first time that I got out of bed and since I was so weak I had to go in a wheelchair. As we went along down the hospital corridors, I couldn't go on, I got really dizzy, I felt like vomiting, I felt so badly. I told the nurse that I didn't want to see my daughter in that state; that we should wait a while longer.

That night was a very long night, eternal, I only wanted them to give me something for the pain and be able to sleep. I didn't want to know anything, I only wanted to rest, cry, be calm; it had all been too much.

The next day Pablito came to see me (my cousin), with Rebecca, his wife and Rene as well; as we conversed we both cried. He said "now Emilia is with my grandma Rosita, whom I really had loved a lot and she me, we imagined my grandmother receiving my little Emilia, surely calling her "my little treasure", like she used to say to all little children. Now they should be together, my grandmother and her little treasure; my Emilia.

After the visits I went to meet Luciana in the room where they had her in an incubator. I saw her so small, so in defensive, so yummy; they passed her to me to hold, and that is where I was able to embrace my other twin. The one who stayed with me to help keep me occupied, the one who will make me remember her sister for the rest of my life, the one who, like someone once said, is a miracle of this life because notwithstanding the problems Emilia had and came with Luciana was born healthy, even though she was a time in the hospital because she was premature. I give thanks to God because he left me one of the two, because if not, my life would not have been the same.

Preparing the funeral

That is how I passed my days and instead of three or four days in the hospital; I was there for eight days. The only good thing about being there for so many days was that I could be close to Luciana, but only that, because I missed my other two children.

We started to prepare the funeral; we agreed to do it on Monday, nine days after the death of Emilia. The people from my church were so good to me, they organized everything, the only thing I had to do was to go on Friday, when I left the hospital to the funeral home and see about the prayers, who was going to speak and pictures that I wanted to put up. Now that I write this I ask myself how I had the strength and the energy to deal with all those arrangements, I think that God prepares you along the way, so that you can live through such hard times.

The day of the funeral, I had a normal morning, until I arrived at the place of the wake. I entered through the door and saw the casket; white and encircled with such beautiful flowers and a little teddy bear on top of a chair, and I commenced to cry, to cry and cry...

I sat down and remained there, greeting the people who came in, crying, then calming down, when one goes to funerals of others you never imagine that one day you will be there, and that you will be burying your little girl. But there we were, Carlitos and I and my family.

We received many demonstrations of kindness, economic help, letters, cards, and flowers; so many that words don't exist to thank so many friends.

The ceremony commenced and Brandon (my brother-in-law) gave the prayer before the departure for the cemetery, then doors were opened, I really didn't understand much, since my wails were stronger, because the moment was near to leave her and to close the chapter that had lasted so long even though it would never really close, because the burial is like a closing stage.

As the doors opened we passed through a hallway and on to the hearse where Emilia would be taken. Carlitos, Marina and I rode in the hearse, but the children did not want to, so they went in another car.

We arrived at the cemetery and it was like in the movies, everyone waiting for us, I didn't know so many people would be accompanying us.

I got out, I sat down; crying. Carlitos returned to the hearse to get the casket, Brandon accompanied him, and then he put his daughter on the grass to be able to carry out the ceremony.

I think that it was one of the most difficult moments in my life that I have had to live, to see Carlitos have to carry Emilia's casket, such a small casket, white; with my Emilia inside. Now, as I recall, how did I live through that? Or the better question is how I am so at peace now, if I went through something in my life that was so hard? How can one get over something like that...? Well, the pain is something so personal, so your own, maybe people think that you don't continue thinking of it, or that it goes away. If yes, there are days that the sorrow isn't there, just to think about it or see my Luciana and imagine the two of them, my heart tightens and my throat closes, like right now...

My father was in charge of the first prayer and then Mayte and Shaelyn sang, (my niece and sister-in-law), the bishop spoke, and all was translated into Spanish for my parents. A special number was done by Rebecca (the wife of my cousin Pablo), she sang the song from the movie "Tarzan", *you'll be in my heart*, by Phil Collins, she sang in Spanish and in English; this song touched me so profusely that I think it will always remind me of my Emilia.

The sealing of the gravesite followed, which was performed by my brother Rene, then the moment had come to say good bye to her. I kneeled and gave her a strong kiss on her casket; I wanted to stay there for a long time. I went to the car and some friends had come over to greet me, I think I didn't care or have the mind to thank them for accompanying us at that moment.

We returned to the place where we left from in the hearse, but this time alone, without Emilia... you can just imagine how that return trip was...

We ate in the chapel, here it is custom that after a funeral, the family and close friends get together to eat. At first I didn't think it a good idea, but now I think that they are right, to have a moment with those who are the closest, helped relieve the sorrow that one has in their heart.

We left the lunch directly to go and see Luciana who was still in the hospital in Salt Lake City, almost an hour from where we were.

Life continues on

It is really hard to say "life goes on", It kind of makes me feel like I have forgotten Emilia, but is not that way...you never forget. She is always there in our hearts, we have her picture in our living room, and we have her in our thoughts every instant. Just a moment ago Carlitos said to me looking at Luciana, that she is just like Emilia; it seems they would have been identical, because everyone who knew Emilia tells me that they are the same.

The days after her death were not easy, but I had to continue, getting up and keep going with my children, with my life, and going to see Luciana, who was in still in the hospital. I started getting up every day at 5 in the morning to take the trax so as not to spend so much on transportation; to see her and not take away from the other two.

So I was two hours in the hospital and would come back home about noon or one in the afternoon. The time that I was with Luciana in the hospital maybe made it easier for me to assume the death of Emilia, since I was so busy I didn't have time to even think. They were born on the 27th of May and Luciana was in the hospital until Saturday the 18th of June, her arrival home was a surprise. That Sunday was father's day, so it was the best gift that Carlitos could receive.

When she arrived home it was like a party, everyone wanted to hold her, everyone wanted to see her and I was a little scared that something would happen to her, but after I relaxed, after all I wasn't a first time mother, even though I felt that way. The worry was like when you have your first child, very concerned about everything, I think that was because of the recent experience and because it was the first time I had had to have a child in the hospital for such a long time. It was also the first time that I didn't breast-feed a baby of mine and instead had to prepare bottles for someone so small, because Luciana was very small.

The months have gone by and I can say that even though I don't go around crying in the corners, the sorrow in my heart has not left, it is not less, maybe sometimes when I do cry, it feels bigger because I am conscious of all that I have lived and what happened, it hurts in my soul just remembering her warmth at birth.

It is a very personal sorrow that I carry in my heart.

It has not been easy, but this sadness keeps me going, continuing to be better every day, to be able to educate my children the best way, to remind them that they have a little sister in heaven that is named Emilia, and that some day we can be together forever. It is a great mission that which she left us: to learn, to strive and to live plainly day to day; like she did.

Almost always I put myself in the situation of what life would be like with my twins. I have lived some experiences with twins. The other day we went to some games and we had a free pass and I told Carlitos that we should give it to a woman and her children. Later I pointed out to Carlitos: "look she has twins"! In my church as well there is a pair of twins and I love to watch them and imagine my two daughters living as they do.

Seven months and a half have gone by since her departure, and I think that from now on I will look at things with a different perspective. The family has always been the most important for me, but I think today they are even more so, my whole life I dedicate to them, and I love it even though sometimes it is tiring, because of the monotony it can bring on some days, but I like it, and I feel good this way; clearly my priorities are Carlitos and the children, for them I would give everything.

What is Holoprosencephaly

This is the infirmity that Emilia had. Holoprosencephaly constitutes of a wide spectrum of malformations of the cranium and the face due to a complex abnormality of the development of the brain, which is manifest in the absence of the development of prosencephaly, which is front lobe of the brain embryo. During normal development the front lobe is formed and the face commences to grow in the fifth and sixth week of pregnancy. The Holoprosencephaly is caused by the lack of division of the front lobe of the brains embryo, to form the bilateral hemispheres (the left halves and right of the brain) causing defects in the development of the face and in the structure of the brain functioning.

It is divided in three types

The Holoprosencepahly labarum is the worst type, in which the brain does not attain separation and generally associates severe facial anomalies (fusion of the eyes, and anomalies of the nasal bridge).

The semi lobar Holoprosencephaly is when the brains hemispheres have a small tendency to separate, constituting an intermediate form of the infirmity.

The Holoprosencephaly lobar is when considerable evidence exists of separation of the brain's hemispheres; it is the less of the two. In some cases with Holoprosencephaly lobar, the patient's brain can have almost been normal. My Emila had Holoprosencepahly labarum.

Thanks

I have to thank so many people, maybe I will do it in groups, because if I didn't it would take thousands of pages.

First I would like to thank God, for all the blessings that he has given me and my family, even during the hard times that we lived... he took Emilia but he left me Luciana, to be able to feel both of them in her.

To my husband Carlitos Diaz and my children Carlos Martin, Agustina Florencia, Luciana Emilia and Emilia Luciana (my angel), for all the love they give me, for the support in these moments and for making me feel that I have a wonderful family.

To my parents Hector Rene and Ana Marchant, for being there and dropping everything to accompany me that day and always, for their unconditional love and help every day.

To my sisters: Roxana, even though she lives far away, I always felt her love and her concern for Emilia, and even through the distance, she was able to get to know her through Skype. To Marina, who was with me the whole time, that saw Emilia be born, who visited her in the morgue, and made sure she looked just right for her departure, who cried so, even as I did in the hospital, who suffered as if it had been her own daughter.

To my brother Chino (Rene Rodriguez) for accompanying me with Mayte, because he traveled far to get to know his niece, to hold her and enjoy her. To my brother Antonio, because for the first time, he had to take charge a whole day and night of my children. Thank you for entertaining them along with Shaelyn, taking them to the birthday, putting them to bed and taking care of them that night which was so hard for me.

To my brother-in-law Brandon, for so supporting my sister as well as me in this situation and giving us such love. Also thank you for accompanying Carlitos in the last blessing for Emilia.

To my nephew and Niece, Mayte and little Brandon, for all the time that they were there with me, for giving love to Emilia while in their arms.

To my sister-in-law Shaelyn, for her beautiful song along with Mayte in the graveside ceremony.

To all my nieces and nephews, Nicole, Dominique,Denise, Mayte, Rene Tomas, Matias, Amaya, Martin, Sebastian, Brandon, Nathaniel, Tati, Capryse... for their love and support, and for accompanying their aunt in the farewell of their little cousin Emilia.

To Raquel Fuertes, for translating this book into English.

To my cousin Pablo Peñailillo, for always being there with his wife, Rebecca Lopez, and for their beautiful song in Emilia's funeral.

To Gigi, Felipe, Brooke, Bishop Fullmer, his wife Joan, Annalee and Scott for going to the hospital in those crucial moments, and for being briefly with me; infinite thanks.

To Raquel Server, for her immense love towards my Emilia and myself, for all her support, for helping dress Emilia, for her sweet job in the Utah Share Support group, for being willing and a tent to all those calls to go and support those mothers of angels on this earth, such a grand mission; sweet but hard to do, for having to dress those little angels, and all thanks to her little angel Preston, for uniting us in this about having angels in heaven, for going in those moments to the hospital, and for being with me; infinite thanks.

To my friend Ashley Darcy, for getting close to me in those hard times, for her concern and love, and for the best gift that has been given me (a statue of a woman embracing a baby), so I can always remember my Emilia.

To my friends Rodrigo and Ingrid, for all their support during all the months that I was pregnant, their many presents, and the most important, for taking care of my children while I was in the hospital.

To my American lady friends, Peruvian, Argentian and Chilean friends here in Utah.

To the people of my church, of the Sand Ridge ward, for all their love, support and concern. To the sisters that helped with the food; to each and every one of you. I would like to thank especially the Aguayo family for their immense love and support.

To the people of Zumba and Fun dance, for all the love and support, for the fundraiser that they had for my family and infinite thanks for the babyshower as well.

To my friends in Chile, especially to Natalia Aguilera for helping me in the details of this book, and counseling me with the final points of the same, to Loreto Osorio for his marvelous design for the book.

To all my friends in Chile, friends from life, from La Salle College, from the Baptist college, from BMX, from church, to my family in Chile, to Carlitos family in Chile, and all my friends from all over the world, I would like to name them all, I really don't want to forget anyone.

To all those whom called me on the phone, sent e-mails, to those whom helped me economically, in the end I hope I haven't left anyone out, but thank you to each and every one of you: a thousand thanks!

To Isabel Spoerer Varela, who has corrected professionally this book in the Spanish language, who even though we do not know each other, has been the best help that I have been given, so to help make a reality this little dream.

Dedications

I would like to dedicate this book with all my heart to my husband Carlos Diaz, and tell him that even though all of this has been hard, we continue being a marvelous and beautiful family, that I love him with all my heart, that without him my life would not have any meaning, and without our four beautiful children I don't know what would be of my life. I love you, my wonderful Chanchito, with all my heart and I know that our Emilia is in a place where no one knows, but without a doubt is waiting for us anxiously, so that we can someday be with her and with Carlitos Martin, Agustina and Luciana, all together, like the beautiful family that we are...

As I said once before we got married: ***In heaven it was written that I would love you, and now in heaven we have a star that shines and makes us shine, so as to be able to press on all of our days. I LOVE YOU.***

To all the Mothers of angels...

Thank you for reading this book which narrates a real experience, and for that reason the words have come straight from my heart. It maybe can be a way to unburden myself, to find out how one continues on in life after such painful experience like mine.

Maybe the people think that the pain doesn't exist, but it is a sorrow that is carried in the heart, and is learned to live with. Nothing will return my daughter, but knowing that someday I will be able to have her in my arms once again, is something that calms me, and gives me the hope that I need.

Many times I have read comments from the Utah Share Support group (a group of mothers whom have one or more angels in heaven), and they reach the most profound part of my heart.

Every mother manifests her pain in distinctive ways, each one has different things happen to her, or sometimes they may be similar... but all of us have something in common and it is the loss of a son or daughter.

We can agree that there is nothing that can be said to us to calm the pain or sorrow we feel. We know that the people do the best they can, but we just need them to understand us, listen to us, or just accompany us; sometimes it is just better to not say anything.

We know that they feel badly for us and we know that it hurts them a lot to see what we have gone through, but we also know that if they have not been through something similar, they will never be able to understand the pain in our hearts, maybe it is for this reason that this group of mothers is so good. One is able to give an opinion or comment, and you know that what is happening with her on the other side of the computer has had the same pain, the same feeling, and can understand a hundred percent of what one wants to say.

I don't have words to explain how grateful I am with God and with life, that even though he took away something so precious as a daughter is, he has given me so much love that there are not words enough to thank for this.

Poems that have reached my heart

To my Mummy & Daddy,
I know Christmas is hard & you're thinking of what could have been.
The Christmas tree, bright lights & snow is what I could have seen.
Your wrapping up presents & writing cards to your loved ones.
It breaks your heart seeing all the little children have fun.
Don't worry Mummy & Daddy; I see all the beautiful lights,
As I look down from my shining star so bright.
You see heaven is so beautiful; we have a Christmas tree too
Twinkling lights & stockings hang on our clouds of pink & blue.
So please don't be sad, I'll be there on Christmas day
Right by your side to guide you on your way.
One place you can always find me, is to look deep within your heart,
Because even though we aren't together, we are never really apart.
Love always your little angel xxxx

EMILIA, I LOVE YOU.

Translation of the back cover text

My name is Liliana Rodriguez I am 33 years old and 3 years ago I moved to the United States with my family. I'm Chilean and the fourth child of 5 siblings. I was born in Temuco, in southern Chile, where I lived until age 18. I then went to live in the Chilean capital, Santiago.

Since childhood I raced "BMX", which led me to travel the world. I raced in more than 17 countries. I won many regional, national and continental championships and finally arrived to be world champion. Those were a very exciting and wonderful memories.

At 26 I married Carlos Diaz, and from the fruit of our love were born four little children. Carlitos Martin 4 years, Agustina Florencia 2 years, Luciana Emilia 10 months, and my angel, and the person who inspired me to write this book, my Emilia Luciana.

We came to this country with many hopes and dreams, we never thought that these almost three years here would be so hard and would mark our lives forever. We are in a country where, even today, we do not know if we will stay or we will return to our beloved Chile once again, but a country where we buried the most beautiful gift that life can give... a child.

Almost one year nine months ago we started to live the saddest story of our lives. This experience is what led me to share it with those I love most through this book. Although a true account of all that was going on during my pregnancy, I have written it as a diary, as an escape from all this pain that is indescribable, something I would not wish it on anyone, but that is certainly a lesson in life and, above all, love.

I want to keep this book of memories, of this agonizing wait of my dear Emilia, which, although very sad, I do not ever want to fade from my life.

My dear Emilia has been the greatest gift that God could give me and today I share it with you, and with all those mothers who may have had, or ever have to go through the same. The love of a child is infinite and indestructible despite everything, despite the game...